# Flotte Hundemode & mehr

**Petra Mogwitz**

# Dreieckstuch

Material (Abb. Seite 1 + 3)
- roter Fleecestoff
- rotes Nähgarn
- Bastelfilz: gelb, rot
- Holzperlen: gelb, orange, Ø 3 mm
- gelbe Plusterfarbe
- 2 silberne Hosenträgerclips

Den Fleecestoff mit Nahtzugabe in der gewünschten Größe zuschneiden und umnähen. Dann aus dem gelben und roten Filz die Blümchen ausschneiden, mit jeweils drei Holzperlen verzieren und aufnähen. Nun mit der Plusterfarbe den Namen und evtl. die Tel.-Nr. des Hundes auf das Tuch schreiben. Zuletzt die seitliche Spitze durch einen Hosenträgerclips ziehen und annähen. Schon sind wir schick für den Spaziergang.

## Tipp:

Das Säumen des Dreiecktuches kann auch in einer Kontrastfarbe und mit einem Dekorstich gemacht werden.

**Impressum:**

**© 2006 Bücherzauber Verlag GmbH, 41540 Dormagen**

ISBN 10: 3-86545-153-5 ▪ ISBN 13: 978-3-86545-153-8 ▪ Best.-Nr.: 45153
Fotos: Andrea Splietker
Styling: Andrea Splietker
Grafik/Zeichnungen: Daria Broda
Layout/Satz/Bildbearbeitung: Andrea Splietker
Druck: Merkur-Druck, Detomold ▪ www.merkur-druck-online.de



1. Auflage 2006

# Vorwort

Hundekonfektion ist schon lange nicht mehr nur eine modische Angelegenheit. Sehr junge, kurzhaarige, ältere oder kranke Hunde brauchen ab und zu einen Hundemantel. In diesem Buch finden Sie nicht nur Hundemäntel die in vielen Größen nachgearbeitet werden können, sondern auch Accessoires wie z.B. eine Reisetasche, einen Adventskalender und vieles andere mehr. Auch Nähanfänger kommen voll auf ihre Kosten. Ich wünsche Ihnen viel Spaß beim Nacharbeiten.

Petra Mogwitz

Ein Dankeschön an meinen Hund Tody, der mir mit seiner unerschöpflichen Geduld jederzeit Modell stand und mit seinem lausbubenhaften Charme jede Menge kreative Ideen vermittelte.

Wir bedanken uns bei unseren vierbeinigen Modells „Becky“ s.o. und „Gordi“ (z.B. Seite 9).

# Material & Werkzeug

Schere

Außerdem:

- Nähmaschine
- Maßband
- Stoffe
- Wolle
- Stricknadeln
- Klettband
- Knöpfe
- Hosenträgerclips

Häkelnadeln

## Tipp:

Verwenden Sie ein Klettband zum Aufnähen, da bei einem Klettband mit Klebeschicht die Nähmaschinennadeln verkleben und somit unbrauchbar werden.

## Grundanleitung

### Hundemäntel

Die Hundemäntel werden immer in der gleichen Reihenfolge gearbeitet, wenn nichts anderes angegeben wird. Zuerst alle Teile zuzüglich Nahtzugabe zuschneiden und ggf. die Abnäher einnähen. Danach den Oberstoff und das Futter rechts auf rechts legen. Nun bis zu den entsprechenden Öffnungen steppen und danach wenden. Bei dem Brustteil nur die langen Seitennähte schließen, wenden und die Schmalseiten mit einem Zickzack-Stich versäubern. Anschließend alles schmalkantig absteppen, dabei die entsprechenden anzusetzenden Teile mit einfassen. Danach den vorgesehenen Verschluss an die Enden des Bauchgurtes anbringen. Für einen Kragen ggf. ein Knopfloch mit einarbeiten, um einen Leinenkarabiner an dem Halsband zu befestigen. Für die Rutenschlaufe einen Stoffstreifen von 3 cm Breite längs falten, die Kanten nach innen einschlagen und absteppen. Ein Ende an den Mantel nähen und das andere Ende mit einem Klettband direkt daneben befestigen. Die Länge individuell anpassen.

### Dreieckstücher

Die Dreieckstücher sind in zwei Größen angegeben, für sehr kleine und mittelgroße Rassen. Möchten Sie es für größere Hunde nähen oder stricken, messen Sie den Halsumfang und vergrößern dann das Schnittmuster auf jeder Seite um 10-12 cm. Wenn Sie das Tuch knoten möchten müssen Sie an der Seitenlänge ca. 25-28 cm dazurechnen.

# So wird's gemacht!

## Passform

Das ausgeschnittene Schnittmuster dem Hund anpassen und ggf. abweichende Maße (Halsumfang, Bauchumfang, Brustlänge) korrigieren. Es gibt bestimmte Hunderassen, (z.B. Dackel oder Bassetts) bei denen ein Ändern des Schnittmusters erforderlich ist, um eine perfekte Passform zu gewährleisten. Richten Sie sich nach der Tabelle und fertigen das Schnittmuster aus Papier bzw. Nesselstoff an. Danach eine Anprobe vornehmen und das Rückenteil sowie das Brustteil entsprechend verlängern. Um ein Verrutschen des Rückenteils zu verhindern, die unteren Seitenränder des Rückenteils und des Bauchgurtes mit einem Klettband fixieren. Das empfiehlt sich besonders bei Rassen mit langem Rücken. Für den Gürtel sollte der Bauchumfang immer exakt gemessen und an jeder Seite eine Zugabe von je 6 cm zugeschnitten werden. Vergessen Sie bei dem Schnitt auch nicht das Anpassen des Halsumfanges. Beachten Sie die Skizze auf dem Vorlagenbogen zum richtigen Messen.

## Nahtzugabe

Alle Modelle, außer dem Adventskalender, sind ohne Nahtzugabe angegeben. Beim Zuschneiden 1 cm Nahtzugabe jeweils dazugeben.

## Verstürzen

Verstürzen ist das Zusammensteppen von zwei Stoffteilen. Diese werden nach dem Steppen gewendet, dabei werden die Nahtränder mit eingeschlossen.

## Größentabelle

Hieraus können Sie ungefähre Richtlinien für die Größe des Hundemantels ersehen.

Bitte so messen:

| Länge ca. | Halsumfang ca. | Rasse z. B.: |
|---|---|---|
| 28 cm | 28,5 cm | Zwergpinscher, Chihuahua, Malteser, Toy Pudel, Yorkshire Terrier |
| 32 cm | 30 cm | Shih Tzu, Malteser, Yorkshire Terrier |
| 34 cm | 31,5 cm | Zwergpudel, Jack Russel, Mops, Pekinese |
| 36 cm | 33 cm | Zwergschnauzer, Beagle, Westhighland Terrier |
| 38 cm | 35 cm | Schnauzer, Beagle |
| 40 cm | 37 cm | Pudel, Cocker Spaniel, Jack Russel |
| 42 cm | 39,5 cm | Pudel, Westhighland Terrier, Cocker Spaniel |
| 44 cm | 40 cm | Dackel, Bull Terrier, Cocker Spaniel |
| 48 cm | 40,5 cm | Schnauzer, Bull Terrier |
| 52 cm | 45 cm | Chow Chow, Dalmatiner |
| 56 cm | 47 cm | Boxer, Dobermann, Golden Retriever |

## Gestrickte Mäntel und Dreieckstücher

Bei den gestrickten Teilen sind keine Woll- oder Nadelstärke angegeben, da fast jeder unterschiedliche Strickergebnisse erzielt. Für die fertigen Mantel- oder Tüchergrößen sind die genauen Maßangaben auf dem Schnittmusterbogen angegeben und die Strickmuster sind bei dem jeweiligen Modell beschrieben

# Lust auf Farbe

## Mantel

Material

- Effektwolle
- Fleecestoff: gelb, dunkelblau
- Nähgarn: gelb, dunkelblau
- weißes Klettband
- 6 Motivknöpfe in bunten Farben
- Stecknadeln

Das Strickrückenteil nach dem Schnittmuster ohne Nahtzugabe stricken. Anschließend keine Abnäher arbeiten, nur die Fäden vernähen. Dann mit den Stecknadeln auf dem gelben Fleecestoff fixieren, diesen mit Nahtzugabe zuschneiden und die Abnäher absteppen. Nun die Nahtzugabe nach innen einschlagen und das fertige Strickteil mit der Hand aufnähen, dabei die Halsöffnung und die Ansatzöffnung im Brustteil offen lassen (siehe Grundanleitung). Den Kragen, das Brustteil und den Gürtel anfertigen. Bei diesem Mantel erfolgt das Annähen von Kragen und oberen Brustteil von Hand, wobei das Brustteil zugenäht wird. Den Gürtel auf die entsprechende Länge zurechtschneiden, vermitteln und mit der Maschine annähen. Die Enden des Gürtels 1 cm breit umlegen und ein 5 cm langes Klettbandstück aufsteppen. Zuletzt die Motivknöpfe aufnähen und die gelbe Rutenschlaufe befestigen.

## Großer Jeansmantel

Material
- Jeansstoff
- dunkelblauer Fleecestoff
- beiger Nessel
- Nähgarn: dunkelblau, beige-braun
- schwarzer Druckknopf
- schwarzes Klettband
- 2 Jeansknöpfe
- 2 Latzhosen-Verschlüsse
- transparente Strass-Steine
- Schmucksteinkleber
- Wäschestift

Den Mantel wie in der Grundanleitung beschrieben, jedoch ohne Kragen arbeiten. Die Taschenklappe und das Mittelstück zuschneiden und verstürzen. Alle Teile mit dem beigebraunen Garn mit einer Zwillingsnadel absteppen. Aus dem Nessel ein Rechteck etwas kleiner als die Taschenklappe zuschneiden und mittig aufnähen. Der Nessel kann jetzt mit einem permanenten Wäschestift mit der Adresse und dem Namen des Hundes beschriftet werden. Darüber die Taschenklappe fixieren und mit einem Druckknopf verschließen. Für den Gürtel das kurze Mittelstück auf dem Mantel ausrichten, festnähen und die Jeansknöpfe befestigen. Dafür die exakte Stelle messen. Dazu den Mantel anlegen und den Gürtel um den Bauch legen. Die beiden langen Gürtelenden durch die Latzhosen-Verschlüsse ziehen und die Gürtellänge anpassen. Anschließend die Herzen aufzeichnen und mit den Strass-Steinchen bekleben. Zuletzt die Rutenschlaufe anbringen.

## Kleiner Jeansmantel

Material
- Jeansstoff
- dunkelblauer Fleecestoff
- dunkelblaues Nähgarn
- schwarzes Klettband
- 2 Hosenträgerclipse
- Signalleuchtband
- Stofffarbe: gelb, rot

Den Mantel wie links beschrieben arbeiten, jedoch ohne Taschenklappe. Nach dem Verstürzen schmalkantig absteppen. Den Gürtel wie bei dem großen Jeansmantel nähen, die Gürtelenden durch die Hosenträgerclipse ziehen und auf den rückwärtigen Seiten ein Klettband zum eventuellen Verstellen annähen. Die Pfötchen werden nach Belieben unregelmäßig aufgemalt. Dann aus dem Signalband die Pfötchen und drei Bänder für die Gürtelteile zuschneiden und aufkleben.

# Auch wir lieben Jeans

# Ausflug ans Meer

## Weißes Halstuch

Material
- weißes Baumwollgarn
- Stricknadel
- Häkelnadel
- fertige Marine-Applikation
- 1 kleiner Goldknopf

Das Halstuch nach dem Schnittmuster auf dem Vorlagenbogen stricken. An der langen Halskante mit mehreren Reihen kraus rechts beginnen. Hierbei an einem Tuchende gleich drei Knopflöcher mit einarbeiten (3 x jeweils 2 Maschen zusammenstricken und in der Rückreihe an gleicher Stelle 3 x je 1 Masche wieder zunehmen). Beim Weiterstricken regelmäßig am Anfang und Ende der Reihe abnehmen und je die ersten und letzten 5 Maschen kraus rechts stricken. Den Rest in glatt rechts. Das fertig gestrickte Tuch mit festen Maschen umhäkeln, die Applikation mit der Hand festheften und den Knopf annähen.

## Blaues Halstuch

Material
- dünner blauer Wollstoff
- 1 goldener Hosenträgerclips
- 1 Marine-Applikation

Das Tuch in gewünschter Größe nach dem Schnittmuster zuschneiden. Die Kanten umlegen, schmalkantig absteppen und die Applikation mit der Hand aufnähen. Anschließend einen Hosenträgerclips durch ein Tuchende ziehen und festheften.

## Marinemantel

Material
- dünner, blauer Wollstoff (Oberstoff)
- dunkelblauer Fleecestoff (Futter)
- dünner, dunkelblauer Baumwollstoff
- weißes Satinband, 4 mm breit
- schwarzes Klettband
- 3 kleine goldene Marineknöpfe

Laut Grundanleitung den Mantel fertigen. Den Matrosenkragen mit dem Baumwollstoff zusammennähen, verstürzen und schmalkantig absteppen. Dann an der Halskante auf den Mantel nähen. Das Satinband sowie die separat gearbeiteten Schleifchen mit der Hand aufnähen. Den Gürtel auf dem Rücken mit Klettband schließen. Zum Schluss auf den fertigen Gürtel die Knöpfe nähen.

# Trockenkabine

Material

- mittelblauer Frotteestoff
- schwarzes Klettband
- Reißverschluss
- Applikation

Zuerst die exakte Größe des Hundes ausmessen. Dazu einmal den Umfang des Körpers und die doppelte Körperhöhe messen. Für das Schnittmuster die Maßangaben teilen und die Höhe um 33,5 cm und die Breite um 32 cm zuzüglich Nahtzugabe vergrößern. Zum besseren Verständnis ist eine Skizze auf dem Vorlagenbogen mit den Maßen für einen Hund mit einer Rückenlänge von ca. 40 cm angegeben. Nun die zwei Seitennähte und die untere Naht schließen. Anschließend den Halsumfang ausmessen. Das Ergebnis durch zwei teilen und 4 cm Zugabe dazurechnen. Dieses Maß laut Skizze an das fertig genähte Rechteck für den Halsausschnitt halbrund auflegen und zuschneiden. Nun den Halsbesatz aus einem Stoffstreifen von 14 cm Breite zuzüglich Nahtzugabe zuschneiden. Die Länge ergibt sich aus dem Maß des Halsumfangs, welches um 14 cm ebenfalls zuzüglich Nahtzugabe verlängert wird. Der zugeschnittene Besatz wird mittig der Länge nach auf rechts gefaltet und an den kurzen sowie einer langen Seite zusammengenäht. Dann gewendet, auf den Halsausschnitt gelegt und angenäht. Den Besatz umschlagen, an der Innenseite mit der Hand annähen und das Klettband als Verschluss aufsteppen. Jetzt den entsprechend großen Reißverschluss einnähen und auf den Halsverschluss nach Wunsch eine Applikation aufnähen. Zum Anziehen die Trockenkabine öffnen, auf den Boden legen und den Hund darauf stellen. Den Trockensack an der Brust hochziehen und den Halsausschnitt schließen. Anschließend den hinteren Teil hochziehen und den Reißverschluss zuziehen.

# Trockencape

Material

- dunkelblauer Frotteestoff
- mittelblaue Kordel, Ø 4 mm
- grün-blau karierter Baumwollstoff
- etwas Füllwatte
- 3 schwarze Holzperlen, Ø 5 mm

Die Maße des Hundes wie links beschrieben messen und die Ergebnisse wieder durch zwei teilen. Zu den errechneten Zahlen kommen für die Höhe nur die Nahtzugabe und für die Breite 18 cm zuzüglich Nahtzugabe dazu. Diese Angaben beziehen sich jeweils auf ein Seitenteil. Die Kapuze nach dem Schnittmuster zuschneiden. Der Kapuzenstreifen ist für eine Rückenlänge von 40 cm Länge angegeben (bitte für Ihren Hund mit der Tabelle in der Grundanleitung vergleichen und nachmessen). Je nach Größe jeweils 1,5 cm in der Breite und der Länge dazurechnen bzw. abziehen (zuzüglich Nahtzugabe). Zuerst die Seitennähte in einer Länge von 15 cm schließen. Dafür die Nahtzugabe umlegen und je Seitenteil 4 cm überlappen lassen und absteppen. Anschließend die Rückennaht bis zum Halsausschnitt schließen. Dann die unteren Seitenkanten und den Kapuzenstreifen umsäumen und die eine Längskante ein kurzes Stück zunähen. Nun dem Hund das Cape überziehen, die Größe des Halsausschnittes festlegen, die Kapuze aufsetzen und die Länge der Naht bestimmen. Die unteren Enden des Kapuzenstreifens etwas überhängen lassen. Sie werden zum Abtrocknen der Schnauze benutzt. Für ein besseres Verständnis sind auf dem Vorlagenbogen mehrere Skizzen. Aus dem Baumwollstoff die Fische 4 x zuschneiden. Zwei Fische werden mit dem Knopflochstich auf das Cape genäht. Die anderen Fische zusammennähen etwas Füllwatte einlegen und die Kordel mitfassen. Das andere Ende der Kordel an die Kapuzenspitze nähen und die Holzperlen als Augen aufheften.

# Badezeit und Regenwetter

# Wo ist meine Harley?

## Leckerli-Beutel

Material

schwarzes Kunstleder ● schwarzer Baumwollstoff ● schwarzer Zwirn ● mittelbraunes Lederband ● verschiedene Metallperlen ● Kunststoffperlen: rot, naturweiß, türkis ● schwarzes Klettband ● schwarzer Kordelstopper

Den Leckerli-Sack aus dem Kunstleder und dem Baumwollstoff zuschneiden. Bei dem Lederbeutel zuerst die Seitenkanten, anschließend den Kordeldurchzug umsteppen und eine rückseitige Gürtelschlaufe mit dem Klettband aufsteppen. Das Gegenstück des Klettbandes auf das obere Ende des Gürtelbandes nähen. Den Beutel jetzt an den Seiten und der unteren Naht schließen. Bei dem Futterbeutel den Stoff rechts auf rechts aufeinander legen, die Nähte schließen, wenden und in den Lederbeutel stecken. Die obere Kante einschlagen und mit der Hand festheften. Nun ein Lederband durchziehen, den Kordelstopper auffädeln und nach Belieben diverse Perlen auffädeln. Danach das Lederband doppelt verknoten und kürzen. An der anderen Seitennaht ebenfalls eine Perlenschnur anbringen.

## Halsband

Material

schwarzes Kunstleder ● schwarzer Zwirn ● silberne Schnalle ● silberne Ösen ● verschiedene Metallperlen ● Kunststoffperlen: rot, naturweiß, türkis ● Metallring

Für das Halsband den Halsumfang messen, die Länge um 11 cm erweitern und die Breite verdoppeln. Die Nahtzugabe nicht vergessen. Diesen ausgemessenen Streifen zuschneiden. Die Nahtzugabe sollte auf der Rückseite in der Mitte zusammentreffen. Rechts und links davon schmal absteppen. An dem einen Bandende die Schnalle annähen, auf der anderen Seite die Ösen eindrücken, das Ende zur Spitze falten und feststeppen. Den errechneten Halsumfang halbieren, dieses Ergebnis am Halsband ausmessen und dort die entsprechende Stelle für den Metallring (für die Leine) markieren. Den Innendurchmesser der Schnalle messen und in dieser Breite einen ca. 4 cm langen Streifen zuschneiden. Danach die Schnalle auf die markierte Stelle platzieren, den Streifen durchziehen, vermitteln und rundum feststeppen. Rechts und links davon die Perlen mit reißfestem Garn auf die Mittelnaht nähen.

## Ledermantel

Material

schwarzes Kunstleder • schwarzer Fleecestoff • schwarzes Klettband • silberne Gürtelschnalle • silberne Ösen • mittelbraunes Lederband • schwarzer Zwirn • kleiner Rest Kunstfell • verschiedene Metallperlen • Kunststoffperlen: rot, naturweiß, türkis

Den Ledermantel wie in der Grundanleitung beschrieben arbeiten. Für den Gürtel Maß nehmen und auf einer Seite 12 cm und auf der anderen 1,5 cm zugeben. Das Ende des längeren Gürtelendes zur Spitze legen und feststeppen. An dem kürzeren Gürtelende die Schnalle annähen und für die längere Seite die Ösen in gleichmäßigem Abstand eindrücken. Am Brustteil das Klettband aufsteppen. In dem schon angenähten Kragen, in regelmäßigen Abständen weitere Ösen einarbeiten. Dann ein Lederband durchziehen und in den oberen Zwischenräumen verschiedene Perlen einfädeln, ebenso den Anfang und das Ende bestücken. Das Lederband doppelt verknoten und das Ende abschneiden. Für das rückwärtige Dekor die Perlen mit dem reißfesten Garn direkt über den Abnähern befestigen. An das herabhängende Perlenband kann noch ein Stück Kunstfell angenäht werden.

# Dog on Bord

## Liegedecke

Material

- Jeansstoff
- schwarzer Teddystoff

Den Jeansstoff in der Größe von 70 x 90 cm und den Teddystoff etwas kleiner zuschneiden. Danach den Teddystoff mittig auflegen und gut feststecken oder heften. Nun die mittlere Naht und anschließend die Quadrate in Abständen von 20 x 20 cm absteppen. Den überstehenden Jeansstoff zuerst an den kurzen Seiten nach innen, zur Teddyseite einschlagen und mit der Hand anheften. Mit den Längsseiten ebenso verfahren.

## Tasche mit Leckerli-Beutel

Material

- Jeansstoff
- dunkelblauer Baumwollstoff
- Hundemotivstoff
- aufbügelbare Einlage
- schwarzes Klettband
- dunkelblaue Reißverschlüsse: 20 cm, 40 cm
- 2 Karabiner mit Öse
- dunkelblauer Kordelstopper
- dunkelblaue Baumwollkordel

Die genauen Maße entnehmen Sie bitte der Skizze auf dem Vorlagenbogen. Die Einlage auf den Jeansstoff bügeln und dabei 2 cm Abstand von den Schmalseiten halten und an den Längsseiten bündig abschließen lassen. Für das Taschenband zuerst den Jeansstoff mit dem Motivstoff zusammennähen. Das genähte Taschenband (für die Zubehörfächer) mit dem Baumwollstoff zusammennähen und dabei die Wendeöffnung beachten. Nach dem Wenden in dem angegebenen Abstand an Vorder- und Rückseite auf das Taschenteil nähen. Die Nähte zwischen Jeans- und Motivstoff feststeppen. Dann an der Unterkante den Überstand jeweils rechts und links als Falte auflegen und im Abstand von 1,5 bis 2 cm feststeppen. Zuletzt die untere Taschenkante festnähen. Für die Taschengriffe und den Umhängeriemen jeweils einen entsprechend langen Jeansstreifen zusammennähen und an der Tasche fixieren. Für das Innenfutter den Baumwollstoff zuschneiden. Den kleineren Reißverschluss zwischen die Innentaschenteile nähen und auf das Futter steppen. Die Seitennähte bei der Jeans- und Futtertasche schließen. Beide Taschen auf links wenden und am Bodenteil beidseitig eine Spitze legen (Naht auf Naht) und 15 cm breit absteppen. Die Taschen abermals wenden und ineinanderstecken. Den langen Reißverschluss an der Oberkante zwischen Außen- und Futterstoff legen und einnähen. Beidseitig im Abstand von 5 cm eine Biese nähen. Nun an den oberen Seitennähten eine Schlaufe für die Karabineröse annähen und die Karabiner an den Umhängeriemen steppen. Für den Leckerli-Beutel die obere Kante umlegen und 2 x in einem Abstand von 1 cm abnähen. Den unteren Tunnel für den Kordeldurchzug verwenden. Die restlichen Nähte schließen und versäubern. Danach die Kordel einziehen, den Kordelstopper auffädeln und die Kordelenden verknoten. An die Beutelrückseite einen Stoffstreifen nähen, ein Klettband beidseitig aufsteppen und an dem Beutel befestigen. Das Band durch die Schlaufe der Karabineröse ziehen und festkletten.

# Schick zur kühleren Jahreszeit

## Dreieckstuch

Material

- Strumpf-Motiv-Wolle
- Stricknadeln
- Häkelnadel

Das Halstuch nach dem Schnittmuster auf dem Vorlagenbogen in glatt rechts stricken. An der langen Halskante beginnen. Beim Weiterstricken regelmäßig am Anfang und Ende der Reihe Maschen abnehmen. Das fertig gestrickte Tuch mit festen Maschen und danach mit einer Reihe Mäusezähnchen umhäkeln. Anschließend um den Hals legen und großzügig die Länge für den Zopf festlegen. Nun an den oberen Tuchenden entsprechend lange Wollfäden mit der Häkelnadel durchziehen, zu einem Zopf flechten, das Ende fest abbinden und begradigen.

## Schal

Material

- Strumpf-Motiv-Wolle
- Stricknadeln
- 1 Holzperle, Ø 5 mm
- 2 Trachtendekormotive

Für einen Halsumfang von ca. 36 cm, einen Schal in der Breite von 6,5 cm und einer Länge von 67 cm fertigen. Dabei immer 1 Masche links, 1 Masche rechts stricken. Nach 12 cm Länge ein Knopfloch in einer Länge von 3,5 cm einarbeiten. Dieses dient zum Durchziehen des anderen Schalendes. Die Breitseiten der Schalenden zusammenziehen und das Trachtendekormotiv aufnähen. Neben dem Knopfloch die Holzperle anbringen, um das durchgezogene Schalende zu fixieren. Je nach Größe werden ca. 1,5 cm in der Länge und der Breite dazugerechnet, bzw. abgezogen.

## Folklore-Schal

Material

- Strumpf-Motiv-Wolle
- Stricknadeln
- Häkelnadel
- 3 Metallknöpfe

Den Halsumfang messen und die Breite festlegen (nicht zu schmal). Dieses Teil in glatt rechts stricken und mit einer Runde feste Maschen und einer Runde Mäusezähnchen umhäkeln. Die Metallknöpfe im oberen Drittel festnähen. Die Mäusezähnchen dienen hierbei auch als Knopflöcher. Der Schal soll nach unten etwas aufspringen. An der unteren Kante die Wollfäden mit der Häkelnadel einziehen und zu Zöpfchen flechten. Das Ende fest abbinden und begradigen. Zum Schluss den Schal so drehen, dass die Knopfleiste auf der oberen Halsseite aufliegt, so können Sie den Karabiner der Leine durch die Knopfleiste ziehen.

# Nicht nur für Bayern

## Trachten Strick-Mantel

Material

- Strickwolle: olivgrün, rot, wollweiß, curry
- Stricknadeln
- Häkelnadel
- kleiner Knopf
- 7 Hirschhorn Trachtenknöpfe

Richten Sie sich bitte nach dem Schnitt auf dem Vorlagenbogen. Das Strickteil wird von der Schwanzwurzel her begonnen. Ab der gestrichelten Linie auf dem Schnittmuster gerade zum Hals hochstricken. Für den Rollkragen keine Maschen abnehmen. Der Rollkragen wird im Muster 2 M. rechts und 2 M. links gestrickt. Dabei ein Knopfloch mit einarbeiten um den Leinenverschluss durchzuführen. Das Grundmuster für das Rückenteil ist wie folgt: Perlmuster (Anzahl nach der jeweiligen Größe ausrechnen), 2 M. links, 6 M. rechts für den Zopf, 10 M. links, 6 M. rechts für den Zopf, 2 M. links und der Rest wieder im Perlmuster. Das Brustteil oben am Rollkragen mit 2 M. rechts, 2 M. links anfangen und im Perlmuster fertig arbeiten. Rücken- und Brustteil nur am Rollkragen zusammennähen. Das fertige Rückenteil mit Noppen umhäkeln. Dazu 5 Stäbchen zusammenhäkeln, 1 feste M. und wieder 5 Stäbchen – fortlaufend wiederholen. Für das Edelweiß 3 Luftmaschen zum Kreis schließen, 1 feste M. in den Kreis, 6 Luftmaschen und diese mit festen Maschen zurückhäkeln, 1 feste Masche in den Kreis usw. Insgesamt sieben Blütenblätter heraushäkeln und mit curryfarbener Wolle einige Blütenstempel aufsticken. Dann die Herzen aus festen Maschen nach der Zeichnung häkeln. Anschließend auf das Rückenteil aufnähen. Danach den Mantel anziehen den Brustgurt umlegen und die Position für die Knöpfe festlegen. Die Knöpfe auf das Rückenteil nähen und drei Knopflöcher aus Luftmaschen an das Brustteil häkeln. Für die Rutenschlaufe Luftmaschen aufnehmen, feste Maschen zurückhäkeln und eine kleine Schlinge anbringen. Einen Knopf annähen und die Rutenschlaufe anknöpfen.

## Trachtentuch

Material

- Strickwolle: beige meliert, hellbraun meliert, olivgrün, rot, wollweiß, curry
- Stricknadeln
- Häkelnadel

An der langen Halskante mit mehreren Reihen kraus rechts beginnen. Beim Weiterstricken regelmäßig am Anfang und Ende der Reihe abnehmen und je die ersten und letzten 5 M. kraus rechts stricken. Den Rest in glatt rechts. Anschließend mit festen Maschen umhäkeln. Das Edelweiß wie oben beschrieben fertigen und aufnähen. Dann einen Konturrand mit einer Kontrastfarbe aufhäkeln. Nun das Herz aufsticken. Das Tuch umlegen und so die Länge für den Zopf festlegen. Beachten Sie, dass der Zopf sich durch das Flechten verkürzt. An die oberen Tuchenden entsprechend lange Wollfäden mit der Häkelnadel durchziehen, flechten, das Ende fest abbinden, verknoten und die Enden gerade schneiden.

# Utensilo

Material

- schwarzer Jeansstoff
- schwarzer Baumwollstoff
- Hundemotivstoff
- schwarzes Klettband
- goldener Textilstift
- extra starkes Aufbügelvlies

Beachten Sie bitte die genauen Maße und die Skizze auf dem Vorlagenbogen.

Den Stoff für Vorder- und Rückenteil mit Nahtzugabe zuschneiden. Das Vlies auf den Jeansstoff aufbügeln, mit dem Baumwollstoff übereinander legen, bis auf eine Wendeöffnung zusammennähen und wenden. Alles schmalkantig absteppen. Die Taschenbänder laut Vorlagenbogen zuschneiden, mit dem schwarzen Baumwollstoff verstürzen und nach den angegebenen Maßen aufsteppen. Bei der oberen schwarzen Tasche mit dem Textilstift das Schriftzeichen „DOG" aufmalen. An der oberen Kante zwei Schlaufen für einen Kleiderbügel oder für einen Gurt einer Autokopfstütze anbringen. Für den Autorücksitz einen weiteren Jeansstoffstreifen zusammennähen und verstürzen. Das genaue Maß abnehmen und markieren, ca. 5 cm zugeben und das Klettband aufnähen. Danach durch die Schlaufen und um die Kopfstütze ziehen. Ebenso den unteren Gurt fertigen. Das genaue Maß an dem entsprechenden Autositz vornehmen und das Klettband an beiden Gurtseiten aufsteppen.

## Tipp:

Dieses Utensilo ist mehrfach zu verwenden. Als Reiseutensil am Autorücksitz oder für sämtliches Pflegezubehör zu Hause.

DOG

## Giraffenmantel

Material

- Kunstfell Giraffenmotiv
- dunkelbrauner Fleecestoff
- schwarzes Klettband
- messingfarbener Karabinerhaken mit Öse

Den Mantel wie in der Grundanleitung beschrieben arbeiten. Für das Futter und die Rutenschlaufe den braunen Fleece verwenden. Nun den Mantel anziehen, den Bauchgurt durch den Karabinerhaken, auf der anderen Seite durch die Öse ziehen und die passende Stelle markieren. Die Ösenseite bis auf 5 cm Überstand kürzen und ein Klettband aufsteppen, umlegen und ankletten. Auf der Karabinerseite den Gürtel bis auf 2,5 cm kürzen, umlegen und annähen.

## Dalmatinermantel

Material

- Kunstfell Dalmatinermotiv
- schwarzer Fleecestoff
- schwarze Wolltresse zum Einfassen
- schwarzes Klettband

Laut Grundanleitung den Mantel arbeiten. Für das Futter und die Rutenschlaufe den schwarzen Fleece verwenden. Das Rückenteil mit der Wolltresse einfassen. Nun den Gürtel ausmessen und auf jeder Seite 6 cm zugeben. Zuletzt das Klettband aufnähen und auf dem Rücken schließen.

# Fellwechsel

# Tarnung ist alles

## Kleiner Mantel

Material

- Tarnmuster Fleecestoff
- schwarzer Fleecestoff
- schwarzes Klettband
- 3 silberne Metallknöpfe
- 1 Hosenträgerclips
- schwarzes Perlgarn

Zu Beginn das Futter, die Kragenklappe, den Gürtel und die Rutenschlaufe aus dem gemusterten Stoff, das Rückenteil aus dem schwarzen Fleece nähen. Dann die Kragenklappe an den Halsausschnitt nähen und von Hand, mit dem Perlgarn, im Knopflochstich umstechen. Mit einem silbernen Knopf verzieren. Nun den Mantel anziehen und den Gürtel umlegen. Eine Gürtelseite 1 cm umlegen und festnähen. Bei der anderen Seite den Hosenträgerclips durchziehen und das Gürtelende auf ca. 6 cm kürzen. Die Klettbänder aufsteppen und umkletten. Zum Schluss an die Abnäher je einen silbernen Knopf nähen.

Tipp: Kann auch als Wendemantel genutzt werden.

## Großer Mantel

Material

- Tarnmuster Fleecestoff
- schwarzer Fleecestoff
- schwarze Wolltresse zum Einfassen
- schwarzes Klettband
- 4 silberne Metallknöpfe

Arbeiten Sie den Mantel nach der Grundanleitung. Für das Futter den schwarzen, für das Rückenteil und die Rutenschlaufe den gemusterten Fleecestoff verwenden. Dann das Rückenteil mit der Wolltresse einfassen und den Gürtel in der exakten Größe ausmessen. Anschließend die Enden zu einer Spitze legen und festnähen. Jetzt den Mantel anziehen, den Gürtel umlegen, die passende Stelle markieren und auf das Rückenteil und die Gürtelenden ein Klettband aufsteppen. An die Gürtelenden je einen silbernen Knopf nähen. Nun den Kragen umschlagen und die Kragenspitzen mit je einem silbernen Knopf an das Rückenteil nähen. Zuletzt als Halsverschluss ein Klettband anbringen.

# Heute wird sich schick gemacht

## Waschledermantel

Material

- schwarzes Waschlederimitat
- schwarzer Fleecestoff
- schwarzes Klettband
- Strass-Steinchen
- Schmucksteinkleber

Den Mantel wie in der Grundanleitung beschrieben arbeiten. Für das Futter den schwarzen Fleece verwenden. Nun die Schleife bis auf eine kleine Öffnung zusammennähen, wenden, mittig mit einem schmalen Streifen Waschlederimitat zusammenraffen und am Halsausschnitt festnähen. Den Mantel anziehen und den Gürtel ausmessen. Auf jeder Seite 6 cm zugeben, ein Klettband aufnähen und am Rücken schließen. Die Schleife und den Gürtel nach Belieben mit Strass-Steinchen verzieren und die Rutenschlaufe anbringen.

Anleitung Schleife Seite 32.

## Halstuch

Material

- schwarzes Waschlederimitat
- 1 goldener Hosenträgerclips
- Stofffarbe: rot, gold

Das Tuch in gewünschter Größe nach dem Schnittmuster arbeiten. Die Kanten umlegen und schmalkantig absteppen. Danach mit den Stoffmalfarben das Motiv auftragen und gut trocknen lassen. Den Hosenträgerclips durch ein Tuchende ziehen und festheften. Das Tuch um den Hals legen und an gewünschter Stelle festclipsen.

# Jeden Tag ein Leckerchen

## Adventskalender

Material

- 3 verschieden gemusterte Baumwollstoffe
- Baumwollstoffe: dunkelgrün, weinrot
- beiger Teddyplüsch
- aufbügelbare Vlieseinlage
- Vliesofix (Applizierhilfe)
- Filz: schwarz, weiß, weinrot
- 24 Messingringe, Ø 16 mm
- weinrote Kordel, Ø 4 mm
- goldener Textilstift oder Edding
- 12 dunkelrote Holzsternchen
- 3 Herzchen
- Textil-Zauberstift (verschwindet nach ein paar Stunden)
- Holzstange, Ø10 mm, 64 cm lang
- 4 Holzkugeln, Ø 50 mm

Die genauen Maßangaben und eine Skizze finden Sie auf dem Vorlagenbogen. An das mittlere Quadrat rechts und links einen grünen Streifen nähen und bündig vorne und hinten abschließen lassen. Anschließend oben und unten den Streifen ebenfalls bündig annähen. Im nächsten Arbeitsgang wird nach der gleichen Weise mit einem gemusterten Stoff gearbeitet. Den weinroten Stoff für die Rückseite ca. 4 cm größer als das gearbeitete Vorderteil, aus dem dunkelroten Stoff zuschneiden und die Vlieseinlage aufbügeln. Das Vorderteil mittig auflegen und gut feststecken oder heften. Auf dem Vorderteil die ganzen Nähte nachsteppen. Den Hundekopf aus dem Teddyplüsch zuschneiden und auf Vliesofix bügeln. Das Schutzpapier abziehen, den Kopf auf dem Vorderteil ausrichten und festbügeln. Die Außenkante mit einem dichten Zick-Zack-Stich aufsteppen. Nun die Ohren mit einem Baumwollstoff bis auf eine Wendeöffnung zusammennähen, wenden und mit der Hand annähen. Nun den Filz für die Augen und die Nase ausschneiden und ebenfalls anheften. Mit dem Zauberstift das Mäulchen aufmalen und mit einem engen Zick-Zack-Stich nachnähen. Dann die Zunge aus dem Filz platzieren. Für die Randeinfassung den grünen Streifen, zuerst wieder links und rechts, auf der Vorderseite auflegen und ansteppen. Die Nahtzugabe einschlagen und auf der Rückseite mit der Hand anheften. Mit der oberen und unteren Seite ebenso verfahren. Danach zwei weitere grüne Streifen im Maß von 6 x 50 cm versäubern. Diese als Tunneldurchzug für die Holzstangen auf der oberen und unteren Rückseite mit der Hand anheften. Die Holzstangen durchschieben und an beiden Seiten die Holzkugeln befestigen. In der gleichen Bandbreite ein weiteres Band für den Aufhänger nähen, verstürzen und auf der Rückseite festnähen. Nun die einfarbigen Beutel mit dem Goldstift beschriften. Die restlichen Beutel mit den beschrifteten Holzsternen und Herzen bekleben. Dann das Kordelband mittig an die Seitennaht nähen, die Enden verknoten und ausfransen. Den Beutel füllen, verschließen und anbinden.

# Haar-schleifen

Material

- Stoff: schwarzer Waschledersatz, lila Samt, roter Nicki, blauer Wollstoff
- verschiedene Perlen zum Annähen
- Filz: gelb, rot
- Holzperlen: gelb, orange
- Strass-Steine zum Ankleben
- Schmucksteinkleber
- Goldknopf
- 3 kleine Frottee-Haarbänder

Den Stoff nach dem Schnittmuster auf dem Vorlagenbogen zuschneiden und bis auf eine Wendeöffnung zusammennähen. Danach wenden, die Wendeöffnung schließen und mit dem Nähfaden die Schleife einige Male mittig umwickeln. Laut Abbildung oder nach Belieben dekorieren. Zum Schluss das Frottee-Haarband an der Rückseite annähen.